AURORE,

OU

LA FILLE DE L'ENFER,

COMÉDIE EN TROIS ACTES,

IMITÉE DE L'ALLEMAND DU COMTE DE SAAÜDEN;

Représentée, pour la première fois, sur le théâtre des Variétés-Etrangères, le 26 février 1807.

A PARIS,

CHEZ ANTOINE-AUGUSTIN RENOUARD,

RUE SAINT-ANDRÉ-DES-ARCS, n° 55.

M DCCC VII.

PERSONNAGES :

Don ALPHONSE , jeune cavalier espagnol.

AURORE.

Le comte LORENZO , ami d'ALPHONSE.

La comtesse JULIA , femme de la Cour.

MUZAF , nègre au service de LORENZO.

CARLO , valet d'ALPHONSE.

Le grand INQUISITEUR.

Un COMMISSAIRE de l'Inquisition.

Une VOIX souterraine.

GARDES , JEUNES FILLES , SERVITEURS , etc.

La scène se passe dans les environs de Naples.

AURORE.

ACTE PREMIER.

Le théâtre représente une caverne spacieuse,
foiblement éclairée par une seule lampe sus-
pendue à la voûte. Au fond, sur le côté, une
ouverture laissant appercevoir les ruines de
Portici. Du côté opposé, un massif de rochers
très saillant. En avant, et du côté où l'on
apperçoit les ruines, une fontaine naturelle.

SCÈNE PREMIÈRE.

LORENZO, *seul. (il entre avec précaution et regarde*
de tous côtés.)

Oui, c'est ici le lieu du rendez-vous. La lampe sus-
pendue à cette voûte m'indique que cette caverne est la
principale des ruines de Portici ; et, en vérité, elle n'est
pas mal choisie pour l'aventure mystérieuse où je me
suis engagé. Mais qui sait si mon drôle d'Africain, avec
ses sentences et sa gravité, n'est pas un charlatan comme
tant d'autres, et ne s'est pas joué de moi ? Oh ! non : les
charlatans d'aujourd'hui aiment l'argent ; et ce Muzaf,
depuis trois mois qu'il sert un grand seigneur tel que
moi, n'a pas encore eu l'esprit de me dérober un ducat.
C'est un sot qui se croit sorcier, voilà tout. Mais son

absence m'impatiente ! Holà ! Muzaf! (*l'écho répond* Zaf.) Zaf! (*un autre écho répond* Zaf, *sur un autre ton.*) Ah ! ce sont les échos de ces souterrains qui me répondent. Tristes jouets des passions que nous sommes! Dans quelle extravagante entreprise mon amour pour une ingrate m'entraîne aujourd'hui ! Mais il n'est plus temps de reculer ; Julia aime Alphonse ; Alphonse, prévenu d'amour pour un être idéal, pour l'ombre d'une malheureuse princesse, fille naturelle du roi de Naples, résiste encore aux brillantes amorces qui lui sont offertes par cette même Julia. Sa raison, affoiblie par la douleur, ne se nourrit que d'idées fantastiques; il ne cherche plus que des prestiges qui le consolent. Flattons adroitement son délire ; occupons de chimères un cœur trop vivement attaqué par l'ingrate que j'idolâtre et qui me délaisse ; l'amour ne peut manquer de me justifier.

SCÈNE II.

LORENZO, MUZAF.

MUZAF, *avec force.*

Qui va là ?

LORENZO.

C'est moi.

MUZAF.

Ah, Maître ! soyez le bien arrivé.

LORENZO.

Misérable ! Quelle est donc la cause qui t'a arrêté si long-temps?

MUSAF.

Vous savez, Maître, que le bien ne se fait pas plus vîte ici qu'ailleurs.

LORENZO.

Trève de sentences. Qu'as-tu fait pour moi?

MUZAF.

J'ai fait tout ce qu'il faut pour vous satisfaire ; d'abord
voici les ducats que vous m'aviez donnés : je n'en ai pas
eu besoin.

LORENZO.

Comment ?

MUZAF.

Avec la plupart des hommes, je sais qu'on n'obtient
rien qu'au poids de l'or ; mais avec un génie tel que
celui qui m'accorde sa protection, on n'a qu'à desirer.
(*il lui remet une bourse.*)

LORENZO.

Malheureux ! Et les prestiges ! et la jeune fille que
nous étions convenus de présenter à Alphonse, en place
de la princesse Amélie ?

MUZAF, *gravement.*

J'espère que tout s'opérera par la puissance du génie
qui me protège.

LORENZO.

Du génie qui te protège ! Regarde-moi, Muzaf, et
vois si j'ai l'air d'un homme dont on se joue impuné-
ment.

MUZAF.

Je ne sais, Maître, ce que vous voulez me dire.

LORENZO.

Oublies-tu donc que don Alphonse va se rendre ici, et
ce que je lui ai promis ?

MUZAF.

Je n'ai rien oublié, Maître. Vous avez promis à ce
jeune cavalier espagnol que les secours d'un art surnaturel pourroient lui faire retrouver l'aimable princesse
qu'une mort prématurée vient d'enlever à son amour, à
la tendresse du roi son père, et aux adorations de
tous les habitants de Naples.

LORENZO.

Eh bien, traître ! Si quelqu'une de ces aventurières dont cette ville immense abonde, ne remplit pas ce personnage...

MUZAF.

Seigneur ! j'ai exposé toutes vos idées à mon génie protecteur ; je ne lui ai pas caché l'espoir que vous avez conçu, de reconquérir, par ce moyen, le cœur de la comtesse Julia, et de la ramener à des sentiments d'où dépendent votre fortune et votre élévation.

LORENZO.

Eh bien ! encore une fois ?

MUZAF.

Eh bien ! Maître, mon génie....

LORENZO.

Que l'enfer te confonde avec ton bon génie !

MUZAF.

Doucement, Maître, nous sommes plus voisins de ce terrible lieu que vous ne le pensez.

LORENZO.

Voyez avec quel sang-froid ce maraud prétend aussi me traiter en imbécile ; mais brisons là. C'est toi qui, le premier, m'as offert les services de ton génie ou de ton industrie, peu m'importe le nom. Je n'ai rien épargné pour l'exécution du plan raisonnable que la foiblesse de don Alphonse m'a suggéré ; attends-toi à ne pas sortir vivant de ces ruines, si son espoir et le mien sont trompés.

MUZAF, *sans s'émouvoir.*

J'espère que nous en sortirons tous... satisfaits.... Mais je crois entendre quelqu'un marcher sous ces voûtes.

LORENZO, *allant au-devant.*

Est-ce vous, mon cher Alphonse ?

SCÈNE III.

Les précédents , JULIA.

JULIA.

NON , comte Lorenzo ; c'est moi , que vous n'atten-
diez pas...

LORENZO, *à part.*

Ciel ! Julia ! (*haut.*) Quel hasard, Madame, a pu
vous attirer dans ces lieux écartés ?

JULIA.

Ma présence vous effrayeroit moins , si elle n'étoit
que l'effet du hasard ; mais toute dissimulation est vaine :
je suis instruite , et je viens , s'il en est temps encore,
arracher une victime à vos ridicules et coupables séductions. (*à Muzaf.*) Esclave ! éloigne-toi.

LORENZO, *bas à Muzaf.*

Veille sur don Alphonse.

MUZAF.

Soyez tranquille. (*il sort.*)

SCÈNE IV.

LORENZO, JULIA.

JULIA.

DE quel droit , homme artificieux , vous êtes-vous
établi l'arbitre des sentiments d'Alphonse et des miens ?
Pensez-vous être plus puissant que l'amour qui vous
ferme mon cœur , et qui le livre tout entier à cet infor-
tuné dont vous voulez consommer la ruine ?

LORENZO.

Moi , Madame ?

JULIA.

Oui , vous. Cet abus perfide que vous faites tous les
jours d'une douleur que le temps et mon amour eussent

facilement vaincue, ces idées sombres dont vous nour-
rissez un esprit affoibli, ces images fantastiques dont
vous l'environnez, ces pratiques mystérieuses où vous
l'engagez, sont-ce là les conseils de l'amitié ? Et qui
pourroit y reconnoître les actions d'un honnête homme?

LORENZO.

Ah, Julia ! que la passion rend injuste et cruel !

JULIA.

Dites plutôt combien la passion rend clairvoyant !
Don Alphonse doit se rendre ce matin à Portici. Qu'y
vient-il faire ?

LORENZO.

Je vous jure, Comtesse, que je l'ignore. Invité par
Don Alphonse lui-même à me trouver en ces lieux, je
l'y ai précédé, comme vous voyez, de quelques instants.

JULIA.

Eh bien ! Comte, nous apprendrons ensemble ce
qu'il vient y chercher ; je ne vous quitte pas.

LORENZO.

O ciel ! ne va-t-il pas croire, en vous voyant, que
j'ai trahi les confidences de l'amitié ?

JULIA.

Peu m'importe ce qu'il croira, pourvu que je l'éclaire
sur vos perfidies.

LORENZO.

Ah, Madame ! renoncez à ce vain desir, j'ose vous
en supplier ; retournez dans votre palais ; je vous pro-
mets, sur l'honneur, de m'y présenter bientôt, et de vous
y rendre un compte fidèle de ce qui se sera passé ici.

JULIA.

Mes yeux seront encore plus fidèles que la bouche
d'un traître ; je ne partirai point.

LORENZO, *à part.*

Ah ! s'il étoit possible d'empêcher don Alphonse...

JULIA.

Vos projets sont inutiles ; je l'apperçois qui s'avance ; éloignons-nous, Lorenzo. Ses premières paroles m'apprendront infailliblement le but de ce rendez-vous. Si vous ne voulez perdre à jamais tout espoir de me fléchir, craignez de proférer un mot qui lui découvre que nous sommes ici. (*elle se retire avec Lorenzo dans une des cavités de la caverne.*)

SCÈNE V.

Les précédents, Don ALPHONSE, CARLO.

CARLO, *tremblant.*

En vérité, Seigneur, vous pourriez choisir des promenades plus gaies que celles-ci.

ALPHONSE, *après un instant de silence.*

N'as-tu encore rien apperçu ?

CARLO.

Non, Seigneur ; rien autre chose qu'une vilaine main noire, qui m'a, je crois, donné un ou deux soufflets en passant.

ALPHONSE.

Tais-toi, et observe.

CARLO.

Hélas! que voulez-vous que j'observe dans ces affreuses cavernes, où les gens de bien n'osent faire un pas sans trembler ?

ALPHONSE, *comme rêvant.*

Les gens de bien! où sont-ils ?

CARLO.

J'avoue, Seigneur, qu'ils ne sont pas toujours où ils

devroient être. Ici, par exemple, hors votre Excellence et moi, je serois fort étonné que nous rencontrassions quelque chose d'honnête.

ALPHONSE.

Téméraire! si Lorenzo t'entendoit.

CARLO.

Il me prendroit, j'en suis sûr, pour l'écho de sa conscience. N'est-ce pas une entreprise diabolique que de vouloir vous persuader que les morts peuvent revivre?

ALPHONSE, *vivement.*

Oui, Carlo, elle revivra. Ce cœur où, en dépit de la mort même, elle n'a point cessé d'exister, m'assure que sa vie est nécessaire à la perfection de la nature.

CARLO.

Je vous demande pardon, Seigneur. Je n'aurai jamais assez d'esprit pour devenir fou; mais il me semble que si la nature avoit besoin de toutes les jolies filles qui sont mortes, elle auroit eu la bonté de les empêcher de mourir.

ALPHONSE, *le regardant avec des yeux enflammés.*

Je te répète, ame vile, que la princesse Amélie revivra.

CARLO.

Mon Dieu! Seigneur, ce n'est pas moi qui l'en empêcherai, au contraire. Si vous venez ici pour cette belle opération, comme il n'est pas décent qu'un valet regarde de trop près aux affaires de son maître, je vous supplierai humblement...

ALPHONSE.

Quoi! tu veux me quitter?

CARLO.

Non, certainement ; mais, par égard ; on peut se tenir à une distance respectueuse ; une ou deux lieues, plus ou moins, selon l'urgence.

ALPHONSE.

Fuis.

CARLO.

De tout mon cœur.

JULIA, *fortement.*

Arrête.

CARLO.

Je suis mort.

JULIA, *paroissant avec Lorenzo.*

Et toi, malheureux Alphonse, ne rougis-tu pas de voir le sens grossier d'un valet, supérieur à ta raison ?

ALPHONSE.

Ah, Madame ! pourquoi ces reproches ? et de quels soins vous obstinez - vous à fatiguer un malheureux indigne de vos bontés ?

JULIA.

Ingrat ! est-ce là le nom que tu donnes à la pitié la plus tendre, à l'amour le plus vrai qui ait jamais existé ?

ALPHONSE.

Hélas ! ce n'est point Julia que la cour de Caserte offrit à mes premiers soupirs !

JULIA.

Eh ! ne devrois-tu pas reconnoître plus vivement les bontés généreuses qui viennent t'arracher à cet abîme de dégradation où tu es prêt à te plonger ? Ouvre les yeux, Alphonse ; il en est temps encore ; abandonne l'espoir coupable qui te livre, comme un vil jouet, à la dérision de l'intrigue et de la fausseté. Songe à ce que tu dois au noble sang qui coule dans tes veines, à l'amour d'une femme passionnée, heureuse de pouvoir combler tous les vœux de ton ambition, à la dignité enfin de celle que tu aimas.

ALPHONSE.

Ah ! je dois à Amélie une constance égale à ses perfections.

JULIA.

Mais, insensé ! les cendres glacées de la mort s'échauffent-elles du feu des passions humaines ?

ALPHONSE.

Eh bien ! que mes cendres soient mêlées aux siennes ; c'est tout ce que je demande.

JULIA.

Ainsi tu repousses la main protectrice qui cherche encore à te sauver ?

ALPHONSE.

Ce n'est pas Julia que la cour de Caserte offrit à mes premiers soupirs !

JULIA, *furieuse.*

Eh bien, malheureux ! puisque tu méprises les bienfaits de l'amour, redoute ses vengeances.

CARLO, *se jetant aux pieds de Julia.*

Ah ! de grace, Madame, ne nous perdez pas.

JULIA.

Tu l'emportes, Lorenzo ; mais tu ne jouiras pas longtemps de ton triomphe. (*elle sort.*)

SCÈNE VI.

Les précédents, hors JULIA.

ALPHONSE.

Cher Lorenzo, les menaces de l'amour offensé m'alarment peu, si l'amitié m'est restée fidèle. Me tiendrez-vous les promesses que vous m'avez faites?

LORENZO.

Je n'en fis jamais que je ne fusse capable de tenir. (*à part.*) Je tremble cependant au moment de le prouver. (*haut.*) Holà! Muzaf!

SCÈNE VII.

Les précédents, MUZAF.

MUZAF.

Maitre, qu'ordonnez-vous?

CARLO.

Juste ciel! voici la vilaine figure dont la main m'a examiné de si près dans les souterrains.

LORENZO.

Es-tu prêt à remplir les vœux de l'amitié?

MUZAF.

Je suis toujours prêt à bien faire.

CARLO.

Je ne m'en serois pas douté.

LORENZO.

Eh bien! accomplis tes promesses. (*bas.*) Songe qu'il y va de ta vie.

MUZAF, *à Lorenzo.*

Je ne crains rien. (*il se place au milieu de la caverne, et dit d'une voix forte :*) Esprits soumis à mon génie protecteur, obéissez à la voix qui l'implore. (*on entend comme un bruit de grêle et de pluie. La terre s'ouvre, vomit des flammes; et au milieu de ces flammes, trois petits nègres, dont l'un porte un trépied allumé; l'autre un vase, l'autre un flambeau.)*

CARLO, *effrayé.*

Ah! mon Dieu! quels esprits! (*à Alphonse.*) Seigneur, je crois qu'il y a urgence, et que le respect ne me permet pas d'en voir davantage. Permettez-moi de me retirer.

ALPHONSE.

Sors, lâche! et attends-moi à l'entrée des souterrains.

SCÈNE VIII.

Les précédents, hors CARLO.

(Les petits nègres placent le trépied au milieu de la caverne; Muzaf prend de l'encens dans le vase, et le jette dans la flamme; des éclairs précipités sillonnent la caverne; Muzaf prend ensuite le flambeau, l'allume au trépied, et le présente à Alphonse.)

MUZAF.

Si votre âme desire ardemment, si les grandes révolutions de la nature ne peuvent l'effrayer, prenez ce flambeau, et osez l'éteindre dans la fontaine que vous voyez.

ALPHONSE.

Donne. (*il plonge le flambeau dans la fontaine; les éclairs redoublent; le tonnerre se fait entendre; les petits nègres disparoissent; le dessus de la fontaine s'éclaire, et laisse voir une énorme figure, qui dit à Alphonse :)*

SCÈNE IX.

Les précédents , LA VOIX SOUTERRAINE.

LA VOIX.

MORTEL , que me veux-tu ?

ALPHONSE , *avec fermeté.*

L'effort le plus extraordinaire de ton pouvoir , s'il est
vrai que tu sois puissant.

LA VOIX.

Tu dois le croire.

ALPHONSE.

Je ne crois que les effets. Qui es-tu ?

LA VOIX.

Un être libre de faire le bien et le mal.

ALPHONSE.

Ton nom ?

LA VOIX.

Que t'importe ?

ALPHONSE.

Ta demeure ?

LA VOIX.

Principe du mal , j'habite dans le cœur de l'hypocrite;
principe du bien , je suis dans l'ame d'une vierge.

ALPHONSE.

En quoi consiste ta puissance ?

LA VOIX.

J'arracherai , des entrailles de la terre , ce que la
nature avare y a renfermé, le levier qui remue ce globe
d'un pôle à l'autre , ce que le pauvre gagne , ce qui
assoupit la calomnie et détruit l'innocence , l'or.

ALPHONSE.

Garde tes vils présents. Acheterai-je avec de l'or les
larmes voluptueuses d'une amante adorée , celles que

l'amitié verse sur nos infortunes : j'ai besoin de bonheur et non de richesses.

LA VOIX.

Eh bien! je puis renverser tous les trônes du monde, et sur leurs débris t'en élever un plus puissant : tu seras le roi des rois, et tous les princes de l'univers se prosterneront devant toi.

ALPHONSE.

L'ambition ne m'a jamais séduit. La mort a englouti le charme de ma vie ; c'est dans son sein que mon ame brûle de ressaisir son idole ; rends-la moi.

LA VOIX.

Si c'est là ton espoir, cesse de m'invoquer. La mort ne rend point ce qu'elle a une fois dévoré. Le téméraire qui t'auroit flatté de cet espoir, n'est qu'un fourbe méprisable ; mais je puis créer une beauté nouvelle qui, réunissant les plus doux traits de celle que tu as perdue, aux plus aimables qualités de son cœur, remplira le tien des plus pures voluptés de l'amour.

ALPHONSE.

Qu'entends-je ?

LA VOIX.

Et à sa vue tous les regrets de ton cœur s'évanouiront ; mais es-tu capable d'obéir à la loi que je suis forcé de t'imposer, avant de satisfaire tes desirs ?

ALPHONSE.

Parle.

LA VOIX.

J'exige le serment solennel de t'unir à jamais à l'être surnaturel que je vais offrir à tes regards.

ALPHONSE.

Si cet être est tel que tu me l'annonces, comment pourrai-je hésiter?

LA VOIX.

Eh bien! bénis la puissance qui te favorise. Regarde derrière toi, et n'oublie pas tes serments. (*nouveaux éclats de tonnerre; le massif de rochers s'entr'ouvre, et laisse voir Aurore entourée de plusieurs jeunes filles, assise sur un sopha; elle tient une lyre à la main; une douce symphonie succède au bruit du tonnerre; la figure a disparu.*)

SCÈNE X.

Les précédents, AURORE.

ALPHONSE.

GRAND Dieu! que vois-je? les traits d'Amélie elle-même.

LORENZO, *à part, dans le dernier étonnement.*
Je reste confondu. Muzaf! quel est ce prodige?

ALPHONSE.

O mes sens! ne m'abusez-vous pas? mais non: image ravissante! tu n'es point inconnue à mes yeux. C'est toi que mon amour poursuit dans le délire de mes songes; c'est toi qu'il redemande à toute la nature.
(*La symphonie recommence.*)

AURORE *chante, en s'accompagnant de sa lyre:*

« D'amour reconnois la puissance,
« Cesse de défendre ton cœur;
« L'amour charme mon existence,
« Et sans l'amour point de bonheur. »

(*Après ce couplet, Aurore s'avance sur le devant de la scène; le massif se referme, mais la caverne reste éclairée.*)

2

ALPHONSE.

Ces accents enchanteurs pénètrent jusqu'au fond de mon ame. O la plus parfaite des créatures ! si tu n'es point Amélie, qui donc es-tu ?

AURORE.

Ton esclave.

ALPHONSE.

Et ton nom ?

AURORE.

Aurore.

ALPHONSE.

Aurore ! Ah ! les premiers rayons du jour ne sont pas plus charmants que toi ! Tes regards font renaître en moi l'aurore de ma vie. Tu éclaires la longue nuit qui couvroit mon existence.

AURORE, *timidement.*

Prends garde, Alphonse, ton imagination me prête les charmes d'Amélie, et je crains...

ALPHONSE.

Eh ! que t'importe que je t'adore en elle, que je l'adore en toi. Mais si tu n'es que l'enfant du prestige, aimable Aurore ! si ton incarnat pâlit, si les roses qui te parent se flétrissent, oh ! qu'alors ma tête s'incline aussi et se confonde avec toi dans le néant.

AURORE.

Aurore est à toi pour la vie.

ALPHONSE.

Dieu ! pourrai-je suffire à tant d'ivresse ! Mais achève de m'instruire : d'où sors-tu ?

AURORE,

Du sein de l'Amour.

ALPHONSE.

Qui t'inspiroit ?

AURORE.

L'Amour et Alphonse.

ALPHONSE.

Alphonse ! moi !

AURORE.

L'existence d'Aurore est attachée à ton amour pour
elle. Si tes feux s'éteignoient, tu la verrois périr à
l'instant.

ALPHONSE.

Ah ! c'en est trop ! c'en est trop ! je succombe. Oh !
que les sermens qui me furent imposés sont faciles !
Viens, Aurore ; fuyons ces sombres lieux. Au sein de
ces cavernes, au milieu des prestiges qui m'envi-
ronnent, j'ose encore douter de mon bonheur.

AURORE.

Oui, fuyons ; mais craignons Julia.

ALPHONSE.

Quoi ! tu sais...

AURORE.

L'Amour m'a tout appris. Julia a résolu ma perte ;
mais Alphonse me défend ; Alphonse et l'Amour sauve-
ront leur ouvrage.

SCÈNE XI.

Les précédents, CARLO.

CARLO, accourant.

Ah, Seigneur ! quel prodige ! un char magnifique
vient de paroître à l'entrée des souterrains. (bas à
Alphonse, en appercevant Aurore :) Pardon, Seigneur ; est-ce là cette Dame qui revient de là-bas, de
l'enfer ?

ALPHONSE.

Oui.

CARLO.

Diantre ! voilà une figure qui me reconcilieroit avec
l'autre monde.

LORENZO, *à Carlo.*

Eh bien ! ce char...

CARLO.

Eh bien ! Seigneur , ce char magnifique , attelé de
huit coursiers les plus superbes , attend don Alphonse et
sa compagne.

AURORE.

Alphonse aura-t-il le courage de m'accompagner ?

ALPHONSE , *prenant la main d'Aurore.*

Partons ; adieu , cher Lorenzo.

LORENZO , *comme stupéfait.*

Adieu. (*ici le tonnerre , les éclairs , etc.*)

ALPHONSE.

Suis-moi , Carlo.

CARLO.

Oui , du plus loin qu'il me sera possible.

SCÈNE XII.

LORENZO, MUZAF.

MUZAF.

MON Maître est-il content de moi ?

LORENZO.

Il faut convenir que tu es un adroit coquin ! et tu as
fait plus que je n'attendois. Maintenant tu vas m'expli-
quer...

MUZAF , *gravement.*

Vous avez vu , vous avez entendu , je n'ai plus rien à
vous dire.

LORENZO.

Ah ! j'entends : c'est ton génie qui a tout produit.
N'importe , suis-moi. Courons chez Julia , et tâchons
de recueillir le fruit de ce bizarre événement. Rien ne
peut plus s'opposer à mon bonheur. (*ils sortent.*)

FIN DU PREMIER ACTE.

ACTE II.

Le théâtre représente la mer dans le fond ; un pavillon à gauche du spectateur, et une espèce de grotte fermée par une grille. A chaque côté de la grille est une guerite.

SCÈNE PREMIÈRE.
JULIA, SERVITEURS DE JULIA.

JULIA.

Vous avez tous fidèlement exécuté mes ordres, et je vois que je ne pouvois mettre ma vengeance en de meilleures mains : ayez toujours pour moi le même zèle, et vous n'attendrez pas long-temps l'effet de ma reconnoissance. Brave Hircan, placez des sentinelles à toutes les issues de ce parc, faites éloigner du rivage les barques qui pourroient s'y trouver, et que personne ne sorte du château sans un ordre exprès de Julia. Allez.
(*Hircan sort avec les autres serviteurs de Julia.*)

SCÈNE II.
JULIA.

Mais qui vient ici? Lorenzo ! Que me veut ce traître? Dissimulons.

SCÈNE III.
JULIA, LORENZO, MUZAF.

JULIA.

Quel motif, seigneur Lorenzo, vous amène en ces lieux ?

LORENZO.

Ce matin, à Portici, ne vous ai-je pas promis d'aller vous apprendre, à votre maison de campagne, ce qui se passeroit dans cette grotte mystérieuse ?

JULIA.

Parlez donc.

LORENZO.

Et le desir que j'ai de vous donner sans cesse une nouvelle preuve de mon amour pour vous...

JULIA.

Parlez, vous dis-je.

LORENZO.

Ah! que ne puis-je vous laisser ignorer ce fatal événement. A peine fûtes-vous à quelque distance de Portici, qu'un génie infernal, celui qui règne sans doute en ces lieux souterrains, fit une conjuration qui nous glaça tous d'horreur et d'effroi : aussi-tôt la grotte retentit d'un bruit épouvantable, et se remplit d'une fumée noire et épaisse ; et la terre s'entr'ouvrant a offert à nos regards la plus sublime merveille que la nature ait produite, une femme! Elle étoit jeune, belle ; un voile léger la couvroit toute entière, mais nous permettoit de deviner les formes les plus parfaites, les graces les plus séduisantes...

JULIA, *avec dépit.*

Après?

LORENZO.

Alphonse est saisi d'admiration ; et moi-même, si votre image n'étoit par-tout présente à ma pensée, je n'aurois pu me défendre d'un sentiment...

JULIA, *encore avec dépit.*

Continuez.

LORENZO.

Mon ami, qui dans cet objet enchanteur croit retrouver

les traits de la beauté qui, depuis trois mois, a rempli
son ame du plus brûlant amour, se précipite à ses pieds,
et lui fait le serment de ne vivre que pour elle.

JULIA.

Hélas !

LORENZO.

Ah ! je sens combien ce récit vous est pénible ! Il me
nuit peut-être dans votre cœur... Oui, souvent celui par
qui nous recevons une nouvelle affligeante, est le premier sur qui retombe l'effet de notre colère... Mais vous,
Julia, vous connoissez la pureté de mes intentions, et
vous ne verrez dans ma conduite que le desir d'arracher
de votre cœur un amant indigne de votre tendresse...
Oui, Julia, oubliez l'ingrat Alphonse.

JULIA.

Moi, l'oublier !

LORENZO.

Vous le devez.

JULIA.

Et pourquoi ?

LORENZO.

Il vous a abandonnée pour toujours.

JULIA.

Lui ?

LORENZO.

Par suite d'un prodige que je ne puis concevoir, et
dont sans doute le même génie étoit l'auteur, une voiture
superbe, attelée des plus beaux chevaux que Naples ait
jamais vus, se présente à la porte ; Alphonse y monte
aussi-tôt avec sa belle inconnue, le char s'éloigne avec la
rapidité de l'éclair, et Alphonse est déjà loin de ces lieux.

JULIA.

Tu te trompes ; Alphonse est en mon pouvoir.

LORENZO.

O ciel ! Alphonse est ici.

JULIA.

J'avois pénétré tes projets, et je veillois sur toi: j'avois aussi placé mes gens autour de la grotte de Portici; et témoin invisible de ce qui se passoit, j'ai fait enlever Alphonse au moment où il alloit être victime de tes infernales machinations; et déjà, par des agens sûrs et fidèles, cette Aurore, ce misérable objet qui vouloit le séduire, est conduite hors de ce royaume. (*A ce moment, la grille qui est devant la grotte s'ouvre, et Aurore paroît.*)

SCÈNE IV,

AURORE, *voilée;* LORENZO, JULIA, MUZAF, *dans le fond.*

AURORE.

Tu te trompes, Julia; rien ne pourra m'éloigner des lieux où respire Alphonse,

JULIA.

O ciel! que vois-je? Je suis trahie!

AURORE.

Tel est le sort que devroient éprouver les méchants!

JULIA.

Qui a pu rompre tes chaînes?

AURORE,

Un mot,

JULIA.

Quel est-il?

AURORE.

Mon nom! et soudain tes esclaves sont tombés à mes pieds!

JULIA.

Et quel est donc ce nom si redoutable?

AURORE,

Tu le connois; c'est Aurore,

JULIA.

Et qui te le donna ?

AURORE.

Un être aussi supérieur à toi, que le bien l'est au mal.

JULIA.

Qui t'amène en ces lieux ?

AURORE.

L'Amour.

JULIA.

Qu'y viens-tu faire ?

AURORE.

Défendre celui pour qui je suis née.

JULIA.

Qui t'a dit qu'il étoit ici ?

AURORE.

Le génie bienfaisant qui a présidé à ma naissance.
Va, m'a-t-il dit, dans le château de Julia, celui qu'elle
a reçu des bienfaits de la reine de Naples ; c'est là qu'est
retenu ton cher Alphonse : va lui rendre sa liberté.

JULIA.

Et seule, tu espères y parvenir ?

AURORE.

J'aurai bientôt de nombreux défenseurs.

JULIA.

Qui sont-ils ?

AURORE.

Tous ceux qu'irritent ton injustice et ta cruauté.

JULIA.

Je ne sais qui me retient... Qui es-tu donc ? Lève au
moins ce voile qui me dérobe tes traits... (*elle s'avance
vers Aurore.*)

AURORE.

Arrête, Julia : ils ne doivent pas être souillés des regards d'une femme telle que toi.

JULIA.

Tu m'insultes, et tu ne crains pas que ma vengeance...

AURORE.

Elle ne peut m'atteindre : tel est l'ascendant de la vertu sur l'injustice ! Quand je le voudrai, tu rentreras dans le néant, et je monterai sur le trône de gloire qui m'est réservé.

JULIA.

Si ton pouvoir est en effet si grand, délivre donc cet Alphonse, objet de ton amour.

AURORE.

Quand il en sera temps, les portes de sa prison s'ouvriront à ma voix ; et pour nous éloigner de ces lieux, les éléments eux-mêmes nous prêteront leurs secours. Crois-moi, Julia, tes grilles, tes verroux, tes larmes, tes fureurs ne te rendront jamais maîtresse d'un cœur que j'ai su conquérir. Adieu. (*elle s'éloigne.*)

JULIA.

Hircan, suivez ses pas, et songez que vous m'en répondez sur votre tête. (*Hircan, avec quelques serviteurs, suit Aurore.*)

SCÈNE V.

LORENZO, JULIA, MUZAF.

JULIA.

Et toi, cruel Lorenzo, ne crois pas m'échapper ; cette femme est ta vile créature : c'est toi qui sans doute l'arrachas des mains de mes serviteurs ; c'est toi qui l'instruisis du lieu de ma retraite, et qui la forças de venir jusqu'ici braver mon pouvoir. Tu seras puni de ta témérité : je te bannis à jamais de mon cœur ; et pour que je n'aie plus rien à redouter de tes perfidies, tu ne sortiras de ces lieux que quand j'aurai pour toujours uni mon sort à celui d'Alphonse ; et tu seras bientôt témoin de mon bonheur. (*elle sort.*)

SCÈNE VI.

MUZAF, LORENZO,

LORENZO.

Eh bien! Muzaf?

MUZAF,

Eh bien! Maître?

LORENZO,

Suis-je assez malheureux ?

MUZAF,

Maître, vous devez le savoir mieux que moi.

LORENZO.

C'est pourtant toi, misérable, qui m'as engagé dans cette fâcheuse aventure.

MUZAF,

Pourquoi vous alarmer ? Il ne faut souvent qu'une minute pour couvrir le ciel de nuages, bouleverser un empire, et changer le cœur d'une femme.

LORENZO.

Oui ; mais qui pourra jamais changer mon sort ?

MUZAF.

Moi, Seigneur! Avez-vous donc oublié ce que j'ai fait pour vous ce matin dans la grotte de Portici ?

LORENZO.

Non, sans doute; mais je n'ai pas été ta dupe; tous les moyens avoient été calculés d'avance.

MUZAF.

Peut-être. Ce vêtement grossier, cette figure noire, détruisent à vos yeux tout mon mérite : cela ne m'étonne pas ; les plus adroits charlatans sont souvent les mieux vêtus.

LORENZO.

D'accord, mais je sais qui tu es.

MUZAF.

Prétendre connoître les hommes sur leur extérieur, est aussi imprudent que de vouloir juger de la bonté des fruits par les regards, et du parfum des fleurs par le toucher.

LORENZO.

Eh bien ! sois tout ce que tu voudras ; mais dans le malheur où je me trouve, que faut-il faire?

MUZAF.

Vous éloigner d'ici, et vous soustraire au ressentiment de Julia.

LORENZO.

Et le moyen ? Cette grille ?

MUZAF.

Elle s'est ouverte à ma volonté pour laisser entrer Aurore ; elle peut s'ouvrir de nouveau pour protéger votre fuite. Mon génie ne m'a peut-être pas abandonné ? (*à l'instant la grille s'ouvre.*)

LORENZO.

Courage, Muzaf! Mais ces gardes?

MUZAF.

Ils vous gênent ! ils vont disparoître. (*les deux guerites* où sont les sentinelles, se ferment par une planche qui descend du haut de la guerite, ou se retournent contre le mur ; une grille s'élève devant les autres gardes qui sont dans le fond, et les empêche de s'avancer.) (ici Carlo paroît, et cherche à éviter Muzaf.)

LORENZO.

Est-ce un enchantement, un prodige?

MUZAF.

Ne cherchez point à le découvrir ; que de merveilles et de grands hommes paroîtroient petits, si l'on connoissoit les fils qui les font mouvoir ! Mais partez.

LORENZO.

Je vais t'attendre chez moi.

MUZAF.

Partez, vous dis-je ? (la grille se referme, et les guerites se remettent comme elles étoient.)

SCÈNE VII.

MUZAF, CARLO.

MUZAF.

QUE vois-je, Carlo? Auroit-il vu sortir mon maître?

CARLO. *Il est entré au moment où la grille s'est ouverte, et il s'est bien caché. Il se jette aux pieds de Muzaf.*

Ah, M. Muzaf!... mon bon nègre, je vous en supplie.

MUZAF.

Que veux-tu ?

CARLO.

Ayez pitié de moi... Vous qui pouvez tant de choses, aidez-moi à sortir d'ici... J'y meurs de faim... et de frayeur.

MUZAF.

Eh bien ! mon ami, tant mieux.

CARLO.

Comment tant mieux ?

MUZAF.

Oui, tu souffriras moins long-temps. Où est ton maître, le seigneur Alphonse ?

CARLO.

Je l'ignore : en entrant ici, on nous a séparés ; on m'a enfermé dans une tour très élevée ; le valet qui me gardoit, et qui avoit sans doute bien dîné, s'est endormi ; moi qui n'avois pas les mêmes raisons pour en faire autant, je cherchois de tous côtés...

MUZAF.

L'office ?

CARLO.

Précisément ; et ne l'ayant pas trouvé, je voulois au moins découvrir un endroit pour m'échapper ! Je vous en prie, encore un petit tour de votre façon en ma faveur. Tirez-moi d'ici, monsieur le Sorcier.

MUZAF.

Moi ! sorcier ?

CARLO.

Et des plus fins ; je sais de quoi vous êtes capable. Ne vous ai-je pas vu ce matin à Portici ? et tout à l'heure ce que vous avez fait pour le seigneur Lorenzo.

MUZAF, *avançant sur lui.*

Malheureux ! si tu parles...

CARLO.

Je me tairai, monsieur le Sorcier, je me tairai ; mais dites du moins un petit mot à cette grille et à ces deux guerites, et j'irai publier par-tout que le seigneur Muzaf est le plus grand, le plus haut, le plus puissant génie des génies.

MUZAF.

Tout ce que je puis pour toi, c'est de te faire transporter en l'air par deux des lutins qui sont à mon service.

CARLO.

Des lutins ?

MUZAF.

Ou te faire conduire dans un char traîné par des chauve-souris.

CARLO.

Non, seigneur Muzaf ; je n'aime point à m'élever, c'est trop dangereux ; terre à terre, c'est tout ce que je veux.

MUZAF.

Aimes-tu mieux que la terre s'entr'ouvre sous tes pas ?...

CARLO, *effrayé.*

O ciel !

SCÈNE VIII.

JULIA, MUZAF, CARLO.

JULIA, *avec des gardes.*

Qu'on arrête Lorenzo. Eh bien ! où est donc ton maître ?

MUZAF.

Je l'ignore, Madame.

CARLO.

Il vous trompe ; c'est lui qui tout à l'heure l'a fait sortir d'ici.

JULIA.

Lui ?

CARLO.

Oui, Madame ; il a fait comme ça, *pst*, la guerite s'est fermée ; *pst*, la grille s'est ouverte ; et *pst*, M. Lorenzo s'est sauvé.

JULIA.

Seroit-il vrai ?

CARLO.

C'est un sorcier, Madame, un noir génie qui vouloit me faire enlever par des lutins, des chauve-souris qu'il a toujours à son service ; et si j'étois à votre place, j'ordonnerois qu'on fît sortir d'ici le pauvre Carlo, pour punir ce méchant nègre.

JULIA.

Il suffit ; allons, éloignez-vous.

CARLO.

Que je m'en aille ?

JULIA.

Oui.

CARLO, *aux serviteurs de Julia.*

Vous l'entendez, vous autres ? Qu'on m'ouvre les portes. (*à Muzaf.*) Adieu, vilain Sorcier. (*il sort.*)

SCÈNE IX.

JULIA, MUZAF.

JULIA, *à part.*

Cet esclave seroit-il en effet doué de quelque pouvoir magique... Lui ! quelle idée ! C'est quelque sot, plus adroit qu'un autre, qui veut profiter de son talent : il faut le mettre dans mes intérêts... Mais le moyen ?

MUZAF, *à part.*

Que médite Julia ? Je tremble qu'elle ne me force à sortir d'ici. Comment gagner sa confiance !

JULIA, *à part.*

Il est tout dévoué à Lorenzo... En lui promettant de favoriser un jour l'amour de son maître, je pourrois... (*haut.*) Esclave, tu n'as donc pas redouté ma colère, en protégeant la fuite de Lorenzo ?

M U Z A F.

Où seroit le mérite d'un service, si l'on n'en rendoit que quand on est assuré qu'il n'y a rien à craindre ?

J U L I A.

Tu es donc bien attaché à ton maître ?

M U Z A F.

C'est le devoir d'un serviteur fidèle.

J U L I A.

Et pourquoi ne l'as-tu pas suivi ?

M U Z A F.

Je ne pouvois assurer le départ de mon maître qu'en restant ici, et j'y suis resté. Bien différent en cela du commun des hommes, j'oblige d'abord les autres, et moi après, si je puis.

J U L I A.

Je loue ton zèle, et je regrette de n'avoir pas un serviteur tel que toi.

M U Z A F.

Disposez de moi, Madame, si je puis vous être de quelque utilité.

J U L I A.

Qu'exigerois-tu ?

M U Z A F.

Une récompense digne de mes services.

J U L I A.

De l'or ?

M U Z A F.

Ce seroit les vendre, et je perdrois le titre de serviteur zélé.

J U L I A.

Des honneurs ?

M U Z A F.

Ils sont trop dangereux, même pour ceux qui les méritent.

JULIA.

Que puis-je donc pour toi?

MUZAF.

Oubliez le seigneur Alphonse, et rendez à mon maître toute votre tendresse.

JULIA.

Et tu servirois ma vengeance?

MUZAF.

Oui, madame la Comtesse.

JULIA.

Mais si je voulois l'exercer contre cette Aurore que tu protèges?...

MUZAF.

Le génie qui l'a produite ne peut-il détruire son ouvrage?

JULIA, *transportée.*

Mais quel sera le gage de tes promesses?

MUZAF.

Mon attachement pour mon maître.

JULIA.

Va donc trouver cette ennemie qui me brave; elle ne craint point ton approche; et tu pourras sans peine t'emparer de sa confiance; qu'un breuvage préparé la livre en mon pouvoir, plongée dans un profond sommeil.

MUZAF.

Et quels sont vos projets?

JULIA.

Par ton empressement à remplir ces premiers ordres, va mériter ma confiance entière, et tu pourras apprendre à ton maître que Julia lui rend tous ses droits sur son cœur.

MUZAF.

Un tel espoir vous répond de mon zèle. (*il sort.*)

SCÈNE X.

JULIA.

NE l'espère point : ton maître n'obtiendra jamais de moi ni amour, ni pitié. C'est par ses coupables artifices que j'ai perdu le cœur d'Alphonse, et je lui voue une haine implacable. Oui, cruel Lorenzo, déjà ton plus fidèle serviteur prépare ma vengeance, et le coup t'en sera plus sensible; mais Alphonse va venir : Amour, puissant Amour! protège une infortunée; aide-moi à ramener un amant infidèle; donne ton feu à mes regards, ta douceur à mon langage, et fais-moi régner sur un cœur sans lequel il n'est plus de bonheur pour moi. Ciel! le voici.

SCÈNE XI.

JULIA, ALPHONSE.

ALPHONSE *est conduit par des gardes.*

Où me conduisez-vous?... Laissez-moi... C'est vous, Julia? Et de quel droit osez-vous attenter à ma liberté?

JULIA.

Du droit que l'Amour m'a donné sur ton cœur.

ALPHONSE.

Que dites-vous?

JULIA.

Je t'ai sacrifié, barbare, le sort le plus brillant; j'ai déposé à tes pieds, ma fortune, mon existence entière : je mettois ma gloire à te posséder, mon bonheur à t'aimer, mon plaisir à te rendre heureux, et cependant tu m'as trahie, abandonnée, livrée aux plus sanglants outrages.... Mais tu ne m'écoutes pas... tu détournes les yeux ; tu crains , en voyant couler mes pleurs , d'être forcé d'en répandre avec moi.

ALPHONSE.

Vous m'accusez, Julia ; vous m'accablez de reproches, et cependant je n'en mérite aucun.

JULIA.

Toi , cruel !

ALPHONSE.

Daignez m'écouter. Du moment où je perdis la plus tendre des mères , mon cœur fut atteint d'une profonde douleur ; rien ne put m'en distraire. Je quittai l'Espagne, ma patrie ; je crus que l'Italie , le berceau des beaux-arts , apporteroit quelque soulagement à mes maux ; vain espoir : la beauté de ce climat , la pureté du ciel, les chefs - d'œuvre divins qui peuplent ce pays , ne purent enflammer mon imagination ; j'admirois , mais mon cœur étoit froid. Les plaisirs qu'on m'offroit de toutes parts, n'avoient pour moi aucuns charmes ; j'en concevois de plus purs, de plus parfaits ; je les cherchois et je ne les trouvois pas. Le hasard me fit rencontrer la princesse Amélie... Sa jeunesse, sa beauté, sa grace enchanteresse, répandirent dans tous mes sens un trouble, un délire... C'est alors que je retrouvai la vie ! tout s'embellit pour moi ! et , transporté d'amour , je jurai de consacrer à ma chère Amélie , mon existence entière.

JULIA.

Imprudent ! Elle étoit fille du roi, pouvois-tu te flatter d'obtenir sa main ?

ALPHONSE.

Je l'aimois , Julia , et mon amour m'auroit rendu digne d'elle.

JULIA.

Maintenant qu'un sort cruel t'en a privé pour jamais...

ALPHONSE.

Un génie bienfaisant a eu pitié de mes peines, a été sensible à mes prières, il me l'a rendue.

JULIA.

Qui? cette Aurore?

ALPHONSE.

C'est un être céleste, sous la forme d'une simple mortelle.

JULIA.

Où t'entraîne ton délire. Apprends que tu vas succomber victime d'un traître... Lorenzo...

ALPHONSE.

Lui... mon ami!

JULIA.

Il te regarde comme un obstacle à son amour pour moi, et il a juré de te perdre.

ALPHONSE.

Il vous aime! ah! qu'entends-je?

JULIA.

Et cette Aurore n'est qu'une vile créature dont il se sert pour fasciner ta raison.

ALPHONSE.

O ciel! qu'osez-vous dire?

JULIA.

La vérité.

ALPHONSE.

Quoi? cette Aurore seroit... Non, non, mes yeux ne m'ont pas trompé : je me rappelle encore ces prestiges étonnants qui ont environné sa naissance.

JULIA.

. Ce sont de perfides moyens qu'elle emploie pour mieux te séduire et régner sur ton cœur.

ALPHONSE,

Et quel est son espoir ?

JULIA.

De porter ton nom, partager ta fortune.

ALPHONSE.

Oh ! quel doute affreux s'empare de moi. (*ici Muzaf entre, et fait signe à Julia qu'Aurore est dans le pavillon.*)

JULIA.

Veux-tu éclairer ton esprit, retrouver ton repos ?

ALPHONSE.

Parlez, Julia.

JULIA, *à Alphonse, plongé dans le plus grand abattement.*

Prends ce poignard, Alphonse, et juge toi-même de la vérité de mes discours.

ALPHONSE.

Que me conseillez-vous ?

JULIA.

Plonge ce fer dans le cœur de cette Aurore ; la voilà.

ALPHONSE.

O ciel ! je frémis. (*la porte du pavillon s'ouvre, et on voit Aurore endormie sur un lit de repos.*)

JULIA.

Si c'est un esprit supérieur, tu ne pourras l'atteindre ; si c'est une mortelle, elle a voulu t'abuser, se jouer de ta crédulité ; elle ne mérite que ton mépris et la mort. Tiens. (*elle lui met le poignard dans la main.*)

ALPHONSE.

Ah ! mon bras se refuse...

JULIA.

Ce moyen est le seul qui te reste pour découvrir l'abîme au fond duquel un génie infernal veut te précipiter. Hâte-toi d'échapper à ses séductions, ou tu es perdu sans retour. (*à part.*) Le coup fatal est porté ; le doute s'est emparé d'Alphonse, et c'est par lui que périra ma rivale. (*elle sort.*)

SCÈNE XII.

ALPHONSE.

QUELS affreux soupçons me dévorent ; Lorenzo m'a trahi... lui en qui j'avois mis toute mon amitié, toute ma confiance !... Et toi, céleste Aurore, il seroit possible que sous ces formes séduisantes, tu fusses... Je veux, je dois connoître la vérité... Malheur à qui m'aura trompé. Mais, non, non, fût-elle coupable, la conformité de ses traits avec ceux de mon Amélie, l'excuse dans mon cœur. (*il jette son poignard.*)

SCÈNE XIII.

ALPHONSE, AURORE, *voilée.*

UNE VOIX, *dans le pavillon.*

BIEN, Alphonse, suis les mouvemens de ton ame généreuse, et tombe aux genoux de celle qui seule est digne de toi. (*une musique douce et mélodieuse se fait entendre, et rappelle l'air qu'Aurore a chanté au premier Acte.*)

ALPHONSE.

D'où partent ces paroles, ces sons mélodieux : mon sang se glace dans mes veines... Quelque nouveau prodige va-t-il s'opérer ? (*il s'approche d'Aurore, et tombe*

à ses pieds.) Aurore , ma chère Aurore , ouvre les
yeux.

SCÈNE XIV.

AURORE, JULIA, ALPHONSE.

JULIA.

QUE fais-tu , malheureux ?

ALPHONSE.

J'honore l'innocence.

JULIA.

Est-ce ainsi que tu m'obéis?

ALPHONSE.

Tu m'ordonnois un assassinat.

JULIA.

J'assurois ta félicité.

ALPHONSE.

Il n'en est point avec le crime ! il augmente nos maux!
Dans le malheur , du moins , la vertu nous soutient.

JULIA.

Eh bien , je me charge moi-même du soin de te ven-
ger. (*elle ramasse le poignard et s'approche d'Aurore.*) Frappons.

AURORE *se lève , et court dans les bras d'Alphonse.*

Alphonse , défends-moi.

ALPHONSE.

Oui , je te défendrai jusqu'au dernier soupir.

JULIA.

Redoute ma vengeance...

ALPHONSE.

Qui oseroit maintenant l'arracher de mes bras?

JULIA.

Ignores-tu qu'elle et toi vous êtes en ma puissance?

ALPHONSE.

Nous saurons la braver.

JULIA.

D'un mot je puis vous perdre tous deux.

ALPHONSE.

Le génie bienfaisant qui produisit un être si parfait, ne laissera pas périr son plus sublime ouvrage.

JULIA.

A moi, serviteurs fidèles ! (*Muzaf paroît à la tête des gens de Julia.*)

ALPHONSE.

O Julia ! qu'allez-vous faire ?

JULIA, *à ses gens.*

Emparez-vous d'Alphonse. (*ses gardes font un mouvement, et s'arrêtent à la voix d'Aurore.*)

AURORE.

Être tout-puissant, à qui je dois le jour, viens protéger deux malheureux amants. (*des hommes armés sortent de tous les côtés, pour défendre Aurore.*)

JULIA.

Ciel ! que vois-je ?

MUZAF, *aux genoux d'Aurore.*

(*A Julia.*) Son pouvoir est plus fort que le vôtre, et je tombe à ses pieds. Puissante Aurore, daignez me pardonner d'avoir un instant pris les armes contre vous.

AURORE.

Oui, je te pardonne. Tu le vois, Julia, quand l'innocence est opprimée, tout se réunit pour sa défense, et ses ennemis fléchissent (*une barque ornée de guirlandes de fleurs, paroît sur le bord de la mer*), et cette barque m'offre les moyens d'échapper à ta vengeance. Partons, Alphonse. (*Aurore, Alphonse et Muzaf montent dans la barque, et disparoissent.*) (*musique, tonnerre et éclairs.*)

JULIA.

Traîtres ! vous n'échapperez pas à ma vengeance.

FIN DU SECOND ACTE.

~~~~~~

ACTE III.

Le théâtre représente un palais ; au fond trois portes fermées par un rideau. En avant des deux portes de côté sont deux statues ; l'une représente la fidélité ; l'autre tient une corne d'abondance.

SCÈNE PREMIÈRE.

MUZAF. *Il est assis dans un fauteuil.*

Aurore et Alphonse sont enfin réunis dans ce palais. Ma foi, j'avois besoin de repos. Ah! que le sommeil est facile, lorsque l'esprit est content et le cœur satisfait : le jour vient de naître ; allons, Muzaf, fais ton devoir. (*il se lève.*) Voyons si les ordres d'Aurore sont par-tout bien exécutés. Julia, furieuse, va s'exhaler en plaintes, en reproches ; et l'innocence d'Aurore ne la garantira pas des fureurs de l'envie et de la poursuite des méchants. C'est dans l'ordre. Mais il me semble que le seigneur Alphonse n'est pas tranquille. (*Alphonse sort, et paroît plongé dans une sombre tristesse.*) Quel trouble ! il s'avance ; feignons de ne pas l'avoir apperçu.

SCÈNE II.

MUZAF, ALPHONSE.

ALPHONSE, *sans voir Muzaf.*

Non, tu n'es pas Amélie ; fuis loin de mes yeux ;
enfant du mensonge ou de la corruption ! O toi qui
fis palpiter mon cœur pour la première fois, d'espérance
et d'amour ! charmante Amélie, pardonne un instant
d'égarement. Il n'a fallu rien moins que ton image pour
fasciner mes yeux ; mais mon ame ne peut s'unir qu'à la
tienne, et désavoue les transports qu'une autre a excités
dans mon cœur.

MUZAF, *s'approchant.*

Seigneur Alphonse.

ALPHONSE.

Qu'entends-je ! et qui m'appelle ?

MUZAF.

Muzaf, le fidèle serviteur de votre ami Lorenzo.

ALPHONSE.

Lorenzo, mon ami ? jamais, jamais. Mais quel affreux
sommeil a pesé sur ma paupière. En quels lieux me
trouvé-je ?

MUZAF.

Dans le palais d'Aurore.

ALPHONSE.

Dans le palais d'Aurore ? de cette femme qui, du sein
des rochers de Portici, vint s'emparer de toutes mes
facultés ?

MUZAF.

Oui, Seigneur.

ALPHONSE.

Cette femme qui, par un charme incompréhensible,
me sauva hier des fureurs de la jalouse Julia ?

MUZAF.

Oui, Seigneur.

ALPHONSE.

Ah ! malheureux Alphonse, ce n'étoit pas un songe ?

MUZAF.

Elle m'a ordonné de l'avertir aussi-tôt que votre Excellence viendroit à paroître.

ALPHONSE.

Il suffit.

MUZAF.

Pardonnez , Seigneur , à mon indiscrétion ; vous paroissez éprouver quelques inquiétudes.

ALPHONSE.

Je l'avoue : l'absence de mes amis, de mes serviteurs... Je ne vois ici personne à qui je puisse parler en liberté.

MUZAF.

Seigneur, vous accusez à tort le zèle de vos serviteurs; votre honnête Carlo a passé la nuit auprès de vous.

ALPHONSE.

Auprès de moi ? Et pourquoi ne le vois-je pas ?

MUZAF.

Il dort encore dans cette statue de la fidélité. (*il frappe la statue , et Carlo y paroît endormi.*)

SCÈNE III.

MUZAF, CARLO, ALPHONSE.

MUZAF , *à Carlo.*

Allons , Carlo , éveille-toi.

CARLO , *encore endormi.*

Hein ? qu'est-ce ? Monsieur n'est pas rentré cette nuit : laisse-moi dormir.

ALPHONSE.

Encore des prodiges !

MUZAF, *poussant Carlo.*

N'entends-tu pas que ton maître t'appelle ?

CARLO, *s'éveillant.*

Mon maître ? Me voilà, Seigneur. Eh ! mais, où suis-je ? Ceci n'est pas mon lit... Ah ! mon Dieu! qu'est-ce que cela signifie ? Moi, sur un piédestal !

MUZAF.

Cela doit te surprendre, à la vérité. Allons, descends.

CARLO, *appercevant Muzaf.*

Ah! c'est encore ce vilain nègre qui m'a joué ce tour.

ALPHONSE, *à Muzaf.*

Éloigne-toi.

(*Muzaf sort.*)

SCÈNE IV.

ALPHONSE et CARLO.

ALPHONSE.

MALHEUREUX Carlo, serois-tu d'intelligence avec mes ennemis, pour achever la perte de ma raison ?

CARLO.

Mon Dieu, Seigneur, comment cela se pourroit-il ? Vous m'avez tant de fois reproché mon heureuse simplicité ! Hier, par le plus grand effort d'esprit que j'aie jamais fait de ma vie, étant parvenu à me faire chasser du château de la comtesse Julia, je suis rentré dans Naples ; tout le monde y parloit déjà de votre aventure ! les gens occupés, pour perdre leur temps ; les oisifs, pour l'employer ; vos ennemis, pour exalter votre bonheur ; et vos amis, pour plaindre votre sort, en vous traitant de sot, d'extravagant.

ALPHONSE.

Téméraire !

CARLO.

Dame, Monsieur, je suis de vos amis, et je dis ce qu'on dit.

ALPHONSE.

Après ?

CARLO.

Je me suis retiré dans votre demeure pour vous y attendre : j'y ai trouvé le seigneur Lorenzo qui vous y attendoit aussi.

ALPHONSE.

Lorenzo ?

CARLO.

Oui, Seigneur, nous avons ensemble veillé une grande partie de la nuit ; mais, enfin, votre ami désespérant de vous voir rentrer, vous a écrit, s'est en allé, et je me suis jeté sur mon lit. Dites-moi maintenant comment il se fait que je me sois trouvé dans cette statue, debout et endormi ?

ALPHONSE.

Sans doute par suite des prestiges dont depuis hier on n'a cessé de m'accabler. Mais où est la lettre de Lorenzo ?

CARLO.

Si messieurs les lutins qui m'ont transporté ici sont d'honnêtes gens, je dois la trouver dans cette poche avec une petite bourse en cuir qui contenoit dix bons ducats. (*il se fouille.*) Oh mon Dieu ! Où est-elle donc ? me l'auroit-on dérobée ?

ALPHONSE.

Ma lettre ?

CARLO.

Et non, Monsieur ; la voici... Ces lutins-là ressemblent bien à des hommes ; ils n'en veulent qu'à l'argent... Ma bourse, ma pauvre bourse.

ALPHONSE.

Allons, tais-toi. (*il lit :*) *Je ne puis supporter plus
long-temps, ni ma honte, ni mes remords ; l'amour
m'a fait trahir l'amitié ; l'honneur me ramène à
mon devoir : défie-toi d'Aurore ; défie-toi de Muzaf.
Ce sont deux imposteurs qu'un vil stratagéme me fit
employer pour égarer ta raison, et t'éloigner du cœur
d'une ingrate que j'adorois. T'arracher au piége où
j'ai voulu t'entraîner, est désormais le seul espoir
de bonheur qui me reste.* LORENZO. Grand Dieu ! il
n'est donc plus de doute, et mon malheur est certain.
Eh bien ! fuyons ce honteux séjour de l'imposture et de
la trahison.

CARLO.

Oui, Seigneur, décampons... Mais par où passerons-
nous ?

ALPHONSE.

Ne sais-tu pas où nous sommes ?

CARLO.

Hélas ! comment le saurois-je ? voyager de nuit, et
plongé dans un profond sommeil, n'est pas le moyen
le plus sûr de reconnoître les chemins... Mais vous,
Seigneur, qui êtes arrivé bien éveillé ?

ALPHONSE.

Tout ce que je puis assurer, c'est que nous sommes
au bord de la mer.

CARLO.

Ah, diable ! c'est dangereux.

ALPHONSE.

Une barque nous déposa au pied de ce palais : un
groupe de jeunes filles brillantes de graces et d'attraits,
vint nous y recevoir.

CARLO.

Ah ! comme c'est perfide !

ALPHONSE.

On nous conduisit dans un salon enchanté , où nous attendoit le souper le plus élégant.

CARLO.

Oh ! quelle trahison !

ALPHONSE.

Après le repas, des danses légères , de brillantes symphonies furent le prélude d'un moderne opéra.

CARLO.

Ah ! c'est cela qui est mauvais !

ALPHONSE.

Voilà tout ce que j'ai vu ; le reste m'est étranger. Mais il n'importe ! Il n'est point d'obstacles qu'un vrai courage ne puisse surmonter ; Aurore , livrée au sommeil, ne peut opposer à ma fuite ses redoutables enchantemens. Suis-moi.

SCÈNE V.

AURORE, ALPHONSE, CARLO.

Le rideau s'ouvre , et Aurore paroît.

AURORE.

ALPHONSE , où cours-tu ?

ALPHONSE.

Dieu ! c'est elle !

AURORE.

Le desir de revoir Aurore n'a donc pas été ta première pensée ?

4

ALPHONSE, *à part.*

Ah! que le son de sa voix m'oppresse et me tourmente!

AURORE.

Plus heureuse que toi, je n'ai vu qu'Alphonse au milieu de mes songes. Le souffle du Zéphir n'a murmuré autour de moi que le doux nom d'Alphonse! Alphonse n'a pas été un seul instant séparé des souvenirs d'Aurore.

ALPHONSE.

Hélas! les miens sont affreux!

AURORE.

Juste ciel! quel langage!

ALPHONSE.

Adieu, Aurore, laisse-moi fuir ce dangereux séjour.

AURORE.

Que te reproche-t-il?

ALPHONSE.

Ma foiblesse et mon déshonneur!

AURORE.

Est-ce là ce que tu avois promis au génie bienfaisant qui nous a réunis?

ALPHONSE.

Eh! ne me promit-il pas lui-même des voluptés pures, et dignes d'un noble cœur! et cependant un poison mortel a coulé dans mon sein; il le déchire, il le dévore.

AURORE.

Je connois tes soupçons, Alphonse : les remords du comte Lorenzo, la lettre qu'il t'a écrite, ont distillé le poison qui te tue.

ALPHONSE.

Ciel ! Et par quelle puissance mes secrets te sont-ils déjà dévoilés ?

AURORE.

Oublies-tu que l'Amour, en me créant, fit de mon cœur un miroir où devoient se réfléchir tous les sentiments du tien.

ALPHONSE.

Eh bien, cruelle ! puisque tu le connois, ce soupçon qui m'agite, pourquoi ne m'en délivres-tu pas ?

AURORE.

Si Alphonse m'aimoit, son amour suffiroit pour me justifier.

ALPHONSE.

Ah ! peux-tu douter de ton empire sur ce cœur malheureux ? Mais les inspirations de l'amour suffisent-elles au bonheur ? Ma gloire aussi ne doit-elle pas se justifier aux yeux du public qui l'accuse, de l'univers entier, dont la dérision me poursuit ?

AURORE.

Qu'importe l'univers à l'ame passionnée qui a trouvé ce qu'elle doit aimer ?

ALPHONSE.

Non, non, il faut aimer sans honte, ou périr. Apprends-moi qui tu es ?

AURORE.

Je périrai, Alphonse, c'est tout ce que je puis.

ALPHONSE.

Ah ! ta mort ne détruiroit pas la honte de la séduction que tu as exercée envers moi. Il faut parler.

AURORE.

Qu'exiges-tu ?

ALPHONSE.

Ton secret.

AURORE.

L'amour t'en a trop dit.

ALPHONSE.

L'honneur veut davantage.

AURORE.

Peut-il me commander l'oubli de mes devoirs?

ALPHONSE.

Tu veux donc ma mort ?

AURORE.

Qu'oses-tu dire ?

ALPHONSE.

Oui, ce fer, à l'instant même...

AURORE.

Arrête, ingrat ! et puisqu'il ne m'est plus possible de retarder un pénible aveu, apprends...

SCÈNE VI.

AURORE, ALPHONSE, CARLO, MUZAF.

MUZAF.

Ah, Madame! tout est perdu ! la comtesse Julia a porté ses plaintes aux pieds du trône : elle nous accuse de sortilége, et de manquer au respect dû à la mémoire de la princesse Amélie.

ALPHONSE.

Qu'entends-je ?

MUZAF.

Des troupes nombreuses marchent vers ce château, où déjà a pénétré un des agens de l'autorité.

AURORE.

Cher Alphonse, l'amour qu'Aurore t'a inspiré, est-il encore assez puissant dans ton cœur, pour t'engager à prendre sa défense ?

ALPHONSE.

Qui que tu sois, on t'opprime, tu dois compter sur moi.

AURORE.

Entre donc dans cet appartement, tu y trouveras des armes et des serviteurs prêts à te seconder. Moi, je vais m'informer à qui le roi a confié l'exécution de ses ordres.

SCÈNE VII.

CARLO, MUZAF.

CARLO.

Oh ! mon Dieu ! seigneur Muzaf, qu'allons-nous devenir ?

MUZAF.

Ma foi, mon ami, je n'en sais rien ; et comme souvent les petits paient pour les grands, il pourroit nous arriver malheur.

CARLO.

Vous êtes bien sûr que ce sont des gardes.

MUZAF.

Des gardes ! pis que cela, mon ami : c'est le saint-office lui-même.

CARLO.

Ah ! juste ciel !

MUZAF.

Et c'est ici comme ailleurs ! quand la justice passe quelque part, on s'en apperçoit.

CARLO.

Au bien qu'elle fait?

MUZAF.

Oui, au bien qu'elle fait à ses agents. Mais tu t'en retireras, toi.

CARLO.

Sans doute, je suis innocent.

MUZAF.

Si tu n'as que cela pour toi, je te plains. Mais tu as de l'esprit.

CARLO.

Moi?

MUZAF.

La manière dont tu es sorti hier de chez la comtesse Julia....

CARLO.

Ne parlons pas de cela, M. Muzaf, ne parlons pas de cela.

MUZAF.

Pourquoi donc? il est bon de se rappeler les services qu'on nous a rendus; et ta générosité à vouloir me faire punir du départ du seigneur Lorenzo, en m'accusant d'être sorcier...

CARLO.

Je plaisantois, M. Muzaf, là, en vérité.

MUZAF.

Ah! c'est différent! j'aime beaucoup à plaisanter aussi, moi; et si jamais j'en trouve l'occasion...

SCÈNE VIII.

Les précédents, UN OFFICIER DU SAINT-OFFICE,
DES GARDES.

L'OFFICIER.

Qu'on arrête d'abord les deux valets.

CARLO.

O ciel ! je suis perdu. Monsieur le Commissaire, ayez
pitié de moi.

MUZAF, *à Carlo.*

Laisse-moi faire, je vais parler pour toi.—Il est inutile
de vouloir vous cacher ce que votre œil pénétrant auroit
bientôt découvert. Oui, monsieur le Commissaire, il y
a ici un grand coupable, un artisan de maléfices, un
véritable sorcier ; il doit être livré à toute votre sévérité,
et le voici. (*en montrant Carlo.*)

CARLO.

Qu'est-ce que vous dites donc ?

MUZAF.

Ne le perdez pas de vue, monsieur le Commissaire,
car il se fait statue quand il veut. Tenez-le bien.

CARLO.

Mais, malheureux !

MUSAF.

Tais-toi donc, je plaisante.—Je vous le recommande.
(*à Carlo.*) Adieu, vilain sorcier. (*il sort.*)

L'OFFICIER.

Veillez sur cet homme, tandis que j'interrogerai
celui-ci.

SCÈNE IX.

L'OFFICIER, CARLO.

CARLO.

MONSIEUR le Commissaire, je suis innocent.

L'OFFICIER.

Ça ne me regarde pas.

CARLO.

Ecoutez-moi.

L'OFFICIER.

Quand tu seras jugé : à présent il ne s'agit pas de cela. Comment te nommes-tu ?

CARLO.

Carlo.

L'OFFICIER.

Carlo ! Tu n'iras pas loin avec ce nom-là , mon ami.

CARLO.

Je ne suis qu'un pauvre valet , qui ne sais ni lire, ni écrire , qui ne possède pas même un seul ducat. Vous voyez bien que je ne suis pas sorcier.

L'OFFICIER.

Ah ! tu n'es qu'un valet , et tu n'as pas un ducat... ce sera bientôt fini.

CARLO.

Comment , bientôt fini ?... Maudit Muzaf... chien de nègre... Si du moins ces misérables lutins ne m'avoient pas dérobé ma bourse. Monsieur le Commissaire , vous paroissez un honnête homme ; je vous l'offrirois , vous l'accepteriez ; et le pauvre Carlo... (*l'extrémité intérieure de la corne d'abondance s'ouvre , et on entend tomber des pièces d'or dans un bassin qui est dessous.*) Qu'entends-je ?

L'OFFICIER, *s'approchant.*

Quoi ! des ducats ! et tu n'es pas sorcier ?

CARLO.

Moi, sorcier ! non, Monsieur, c'est ma bourse que l'on me rend. (*le Commissaire ramasse les pièces, et les met dans sa poche.*) Que faites-vous ?

L'OFFICIER.

Mon devoir veut que je m'assure si ces ducats ne sont point le fruit de quelque sortilége.

CARLO.

Non, certes, ils sont excellents, et je vous jure qu'ils étoient à moi.

L'OFFICIER.

C'est possible ; mais à présent c'est différent.

CARLO.

Là ! pourquoi ne m'a-t-on pas fait coucher dans cette statue plutôt que dans l'autre ?

L'OFFICIER *se met à une table.*

Ecrivons... Et à l'instant ledit Carlo auroit, pour nous corrompre, fait tomber à nos pieds une bourse pleine d'or, que nous aurions repoussée avec horreur...

CARLO.

Mais qu'est-ce que vous dites donc ?

L'OFFICIER.

C'est notre habitude de procéder ainsi... Laissez-moi : Et le sorcier Carlo, pour se justifier, nous auroit dit...

CARLO.

Moi, sorcier ! Mais si je le suis, je veux que le tonnerre et ses éclats... (*on entend de grands coups de tonnerre.*) Ah, mon Dieu ! qu'est-ce que cela signifie ; je suis tout tremblant.

L'OFFICIER.

Tu dieu, mon ami, comme ton affaire devient bonne....
Tu es perdu ; et le saint-office ne plaisante pas avec
les sorciers.

CARLO.

Moi, sorcier... Si cela est vrai, que l'enfer t'engloutisse.

L'OFFICIER *disparoît sous terre avec sa chaise et*
sa table, au moment où il dit à Carlo :

Ah! tu n'es pas sorcier, coquin, tu n'es pas sorcier !

CARLO.

Miséricorde ! serois-je donc devenu un esprit, sans
m'en douter : ce seroit juste comme tant de gens qu'on
appelle honnêtes sans qu'ils aient jamais rien fait pour
le devenir.

SCÈNE X.

JULIA, L'INQUISITEUR, LORENZO, GARDES.

JULIA.

MINISTRE des vengeances du redoutable tribunal,
voici le lieu qui sert de refuge aux coupables. Ce traître
(*montrant Lorenzo*) que vous avez saisi aux environs
de ce palais, fut le premier instigateur des attentats que
vous poursuivez ; vengez l'honneur du diadême et de la
religion.

L'INQUISITEUR.

Je connois mes devoirs, Madame ; ils seront tous
remplis. Gardes, pénétrez dans ces appartements, et
qu'Alphonse ne puisse échapper à votre vigilance.

SCÈNE XI.

Les précédents, ALPHONSE.

ALPHONSE, *sortant de son appartement.*

Don Alphonse n'a jamais cherché à fuir : mais malheur au téméraire qui oseroit attenter à sa liberté. Applaudis-toi, Julia : si c'est ainsi que tu prétends enchaîner les cœurs, ton succès n'est pas douteux. Et toi, Lorenzo, à qui un remords vertueux m'avoit forcé de rendre mon estime, pourquoi te vois-je encore au rang de mes ennemis ?

LORENZO.

Tu t'abuses, Alphonse. Ayant su que tu étois dénoncé par Julia, j'accourois pour te défendre. Je n'ignorois pas que je m'exposois moi-même aux plus grands dangers ; mais j'avois trahi l'amitié : ton salut ou ma mort étoit mon seul devoir.

ALPHONSE.

Viens donc te réunir à moi pour repousser l'oppression.

LORENZO.

Eh ! le puis-je ? Le sort a trahi mon espérance, et désarmé, je suis, comme toi, victime de cette perfide.

ALPHONSE.

Ose t'affranchir de ces vaines entraves. Voici des armes.

L'INQUISITEUR.

Jeune homme, toute résistance seroit inutile ; elle ne feroit qu'aggraver ton délit : ta complice est déjà dans nos mains.

(*Aurore entre voilée, et conduite par des gardes.*)

SCÈNE XII.

Les précédents, AURORE.

L'INQUISITEUR.

LA voici : regarde comme l'imposture baisse un front
humilié devant le pouvoir qui la punit et l'accable.

ALPHONSE.

O malheureuse Aurore !

AURORE.

Le chef suprême de l'autorité qui me poursuit, est-il
en ces lieux ?

JULIA.

Oui, perfide.

AURORE.

Conduisez-moi vers lui.

L'INQUISITEUR.

Qu'avez-vous à me dire ?

AURORE, *lui remettant un papier qu'elle tire de
son sein.*

Lisez.

L'INQUISITEUR, *après avoir lu, se prosterne.*

Ciel ! Vous êtes libre, Madame. Nobles cavaliers,
reprenez vos armes ; et vous, gardes, retirez-vous en
silence. (*tous les gardes se retirent avec respect.*)

JULIA, *à l'Inquisiteur.*

Quoi, traître ! tu te laisses aussi séduire ?... Mais
dussé-je y perdre la vie, j'arracherai moi-même ce voile
insidieux.

AURORE.

Arrête, Julia. Le moment des illusions est passé : la
vérité frappera bientôt tes regards. Un mot d'Alphonse

va décider si Aurore doit disparoître pour jamais, ou s'unir à lui par des liens éternels.

ALPHONSE.

Être incompréhensible, qu'exiges-tu?

AURORE.

Apprends, Alphonse, qu'Aurore ne fut pas seulement jalouse de l'amour que Julia te portoit; elle l'étoit aussi des souvenirs qui entraînèrent encore tes pensées vers un être qui n'est plus. Je veux régner sans partage sur ton cœur.

ALPHONSE.

Cruelle! qu'oses-tu demander?

AURORE.

Je ne veux plus que le nom d'Amélie, mêlé à nos transports, empoisonne ma joie, et ne donne à mon ame qu'un bonheur usurpé.

ALPHONSE.

Qui, moi! oublier celle qui, la première, fit palpiter mon cœur, celle que Dieu lui-même offrit à mon amour?

AURORE.

Il le faut.

ALPHONSE.

Non! Tu n'obtiendras jamais de moi ce pénible sacrifice.

AURORE.

Tu m'aimes, barbare! et tu vas me perdre.

ALPHONSE.

C'est Amélie seule que je dois aimer.

AURORE.

Et tu l'aimeras toujours?

ALPHONSE.

Jusqu'à la mort.

AURORE, *levant son voile.*

Eh bien, reçois le prix de ta fidélité.

ALPHONSE, JULIA, TOUS.

Ciel ! la princesse Amélie !

L'INQUISITEUR, *s'avançant.*

Elle-même... Voilà l'ordre du Roi qui a enchaîné mon pouvoir. (*il lit :*) Respectez ma fille Amélie ; j'approuve le mystère qui la dérobe à vos regards.

JULIA, *se jetant aux pieds d'Aurore.*

O Princesse, mon respect et mon repentir pourront-ils jamais expier...

AURORE.

Relevez-vous, Julia, rendez votre cœur à Lorenzo, et comptez sur mes bienfaits ; et toi, cher Alphonse...

ALPHONSE.

Dans l'ivresse de mon bonheur, j'en doute encore... Mais, non, c'est toi... c'est toi, chère Amélie ; tu t'es emparée de toutes les facultés de mon ame, et désormais je ne puis vivre que pour toi.

AURORE.

Alphonse, le même trait qui frappa ton cœur dans les jardins de Caserte, blessa aussi le mien. J'osai implorer en ta faveur les bontés de mon père. Ses refus altérèrent ma santé, et me mirent aux portes du tombeau. Ce fut dans ce moment que la pitié du Roi s'éveilla ; il me promit de t'unir à moi, si je pouvois m'assurer de ton amour et de ton honneur. Sa promesse me rendit la vie ; et pour éprouver l'effet que ma mort feroit sur ton cœur, j'obtins du Roi que des obsèques magnifiques en confirmassent la nouvelle : cruelle et terrible épreuve ! c'étoit dans ton désespoir que je cherchois le bonheur de mes jours : dès lors aucune de tes actions ne me fut étrangère, et Muzaf, mon fidèle serviteur...

ALPHONSE.

Muzaf ?...

MUZAF.

Oui, seigneur Alphonse, c'est moi qui instruisis la Princesse de vos regrets, de l'égarement de votre esprit, de votre nouvelle passion pour les prestiges, et qui lui conseillai les épreuves auxquelles a été mis votre amour : j'entrai au service du seigneur Lorenzo, et, sans éveiller aucun soupçon, j'ai opéré les prodiges dont vous avez été le témoin à Portici et chez la comtesse Julia. Daignez me pardonner, et me laisser trouver dans votre bonheur la récompense du foible service que j'ai pu vous rendre.

ALPHONSE, *à Aurore.*

Ah ! je puis donc sans crime réunir enfin dans mon cœur Aurore et Amélie.

AURORE.

Et Aurore peut aussi, sans honte, avouer ton triomphe et son bonheur.

FIN.

LISTE

Des Pièces jouées au Théâtre des Variétés-Étrangères, jusqu'au 25 mars 1807 inclusivement.

Pièces en 5 actes.

Le Père de Famille ou les Chagrins domestiques, *Gemingen.*
Les deux Klingsberg ou Avis aux Vieillards, *Kotzebue.*

En 4 actes.

L'Epigramme ou les Dangers de la Satire, *Kotzebue.*
Le nouveau Cagliostro ou l'Illuminé, *Soden.*
Les Libellistes.
Célestine ou Amour et Innocence, *Soden.*

En 3 actes.

Le Créancier, *Lessing.*
L'Officier Suédois, *Kotzebue.*
Le Mari d'autrefois, *Kotzebue.*
Aurore ou la Fille de l'Enfer, *Soden.*

En 2 actes.

A quoi cela tient, *Garrick.*
La Fille de quinze ans, *Garrick.*
Le Schall.
Les Mœurs de Londres, *Garrick.*
Les Chaises à Porteurs, *Junger.*

En un acte.

Le Mari hermite, *Kotzebue.*
La Contribution de guerre, *Kotzebue.*
La Famille des Badauds.

44

www.ingramcontent.com/pod-product-compliance
Lightning Source LLC
LaVergne TN
LVHW022125080426
835511LV00007B/1033